JN409067

시간 속으로

釜山文學

일우 박 욱 시집
시간 속으로

인쇄 : 2021년 12월 23일
발행 : 2021년 12월 25일

지은이 : 박 욱
펴낸이 : 김영찬
펴낸곳 : 도서출판 한국인
기획·출판 : 도서출판 부산문학

주소 : 부산광역시 동구 중앙대로 308번길 7-3
전화 : (051) 929-7131
전자우편 : sahachanchan@hanmail.net

출판등록 : 제 2014-000004호

ISBN 978-89-94001-77-7 (03800)

정가 10,000원

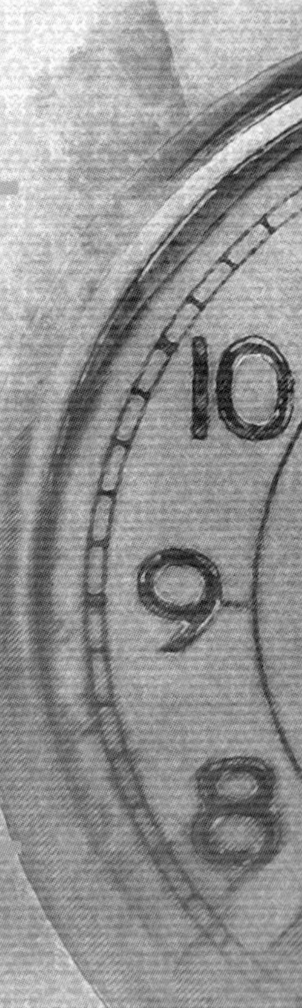

시인의 말

가는 시간과 오는 시간과의 만남
시간끼리의 충돌
빅뱅의 충격으로 태어난
아둔한 사내 있었으니

오는 시간과 가는 시간의 헤어짐
시간끼리의 이별
역발산 항우라도 어쩌지 못할 틈새에
비틀거리며 서 있는 한 사내 있으니

어언 가을이라
찬바람이 귀밑머리 흩날리우니
머얼겋게 하늘만 바라보다가
억새가 된 사내 있으니
참 바보같은 녀석이라

어리석기 짝이 없네
愚우야 愚우야
그 이름도 선명한 一愚일우라
한 어리석은 자의 전설이라

여기 흔적을 밟아가며
희미한 그림자를 긁어 모으네
어머니께 바침이 마땅하구나.

2021년 12월 20일

차례

제1부 | 계절 속으로, 하나

제2부 | 계절 속으로, 두나

차례

제3부 | **계절 속으로, 세나**

제4부 | 삶 속으로

차례

제5부 | 기억 속으로

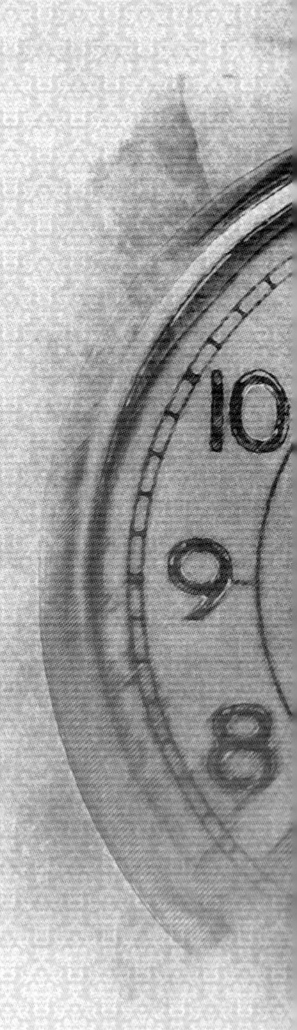

제1부
계절 속으로, 하나

청주 가는 길1
- 가을 스케치

머언 산은 더 멀어지고
구름은 뿔뿔이 흩어지니
허공중에 허공만이 가득하다

누가 억세다 하였는가?
한없이 부드러운 억새꽃의 밥상머리
날렵하게 모여 앉아
바람을 마신다

아직 이별이 서툰 어린 굴참나무 이파리들
나도 여깃다 눈길 재촉하며
철모르는 애교를 다툰다

선홍빛 선혈보다 더 짙게 토해대는
웬 때늦은 정열인가? 절규인가?

다시 쓸 편지라도 있단 말인가?
단풍나무 단풍이 단풍 든 가슴을 쓸어 내린다

동그마니 솟아있는 저 외딴 무덤은 또
누구의 동토의 계절인가?
애닯은 사연을 함묵하며 몸부림이라도 치련만
외로움을 과시하며 미동도 않는다

구절초 하이얀 소복 하늘거리는 옷자락
어드메 꿈결같이 숨었느뇨?
그대 그리워 매무새 다시 여미고…

가을의 백화점 점주시여!
눈 시리고 마음 아리지만
아직 못 다 한 숱한 얘기들
매정히 갈아 치우지는 부디 마옵시라.

청주 가는 길2

멀리 산 사이로
삐죽삐죽 솟아있는 아파트들
산 속 한 풍경으로 자리한다
물 먹은 안개
아침 햇살과 산빛과 하늘마저도
희뿌옇게 휘감는다
산골 마을에는
빨강 파랑 지붕이 듬성듬성 다가온다
길가 노송은 아직도 탐스런 다리를 드러내놓고
옛 영화를 곰씹는다
과년한 여인의 농익은 젖무덤같이
탐스런 산봉우리
아담한 농가가 첨탑을 곧추세운 예배당을 중심으로
옹기종기 모여앉았다
햇살이 안개를 뚫고 파아란 하늘을 흩뿌린다

몽실몽실 솟아 나는 짙푸른 산 구비구비
초록의 바다로 푸덩덩 빠져버린 청주길
아름답고 풋풋하고 싱그러운
내 나라여 산하여!

가을에 은행나무 숲길을 거닐다

노오란 원피스로 갈아입고
어느 하늘가의 축제에라도 초대 받으셨나
차가운 계절 속으로 걸어 가는 우아한 모습에서
노오란 함성이 묻어 난다

노랑은 참 따스한 색깔 포근한 쉼의 색깔
휘날리는 노오란 물결이
천지를 노오랗게 물들여놓고
나마저 노오랗게 물들였구나

제 철을 잃은 노오란 이율배반
찬 음료 한숨 마시고
노오랗게 잠들고 싶어라.

변신

바람이 은행나무 숲을 지나면
바람도 노오랗게 물이 듭니다
그 바람 맞은 나도
노오랗게 물이 듭니다
노오란 바람이 불면
노오란 낙엽비가 쏟아져요
노오랗게 물든 가슴에서
노오란 향기가 나요
나는 노랑이 되었어요.

후박나무 가로수

남촌선생이 두번 씩이나 가르쳐 주었지
울릉도가 유명세를 탔는데
싹쓸이를 하는 바람에 이제 별 볼일 없다고
호박이 아니고 후박엿이라고
엿이고 떡이고 좋은거고 후한거고 다 좋은데
귀해졌다고 가로수가 남달라 뵈고
의젓하기까지 한데
뭇 가로수가 마구 벗어 던지고는
에구 추워라 아우성인데
외롬타는 계절이라고 야단인데
가로수답지 않게 통통하고 짙푸르기까지 하니
질투가 이해가 되지
가로수는 도시인들의 일상의 곁에서
각박한 삶에 계절감을 일깨워주는
청량제 같은 구실을 하는 것 아닌가

쓰임새가 많은 나무라 하니
어디 군락이라도 이루게 하면 좋으련만
설 곳이 아닌가도 싶어
– 세상이 나를 느끼듯
이왕에 심겨져 있으니 없다 생각하면 아쉽겠지
– 나도 그럴까
이튼저튼 어찌 사랑하지 않으랴
가로수 후박나무야
– 그려 그려.

가을빛

비가 오네요 빛이네요
가을 빛이 비 내리듯 오고 있네요
바알갛고 노오랗고
아롱다롱 빛비가 부드럽게 휩싸안으며
색시비로 내리네요
가을빛이 비가 되고 내가
가을빛이 되었네요

어디선가 고운 향기가 나네요
바람이 부는 곳이 어디인가요?
비인 몸을 휘돌아 코끝이 찡하네요
가을 내음인가요?
내 몸에서도 가을 내음이 나요
가을이 되었나 봐요
그래요 나는 가을이예요

푸른 하늘은 눈동자 같아요
가을 눈동자지요
나를 지켜보는 가없는 눈동자
가을 눈동자예요
가을이 된 나를 보나요?
가을 하늘 빛 가을 눈동자 가을 내음이
모두가 가을이 된 나예요.

찬비 유감

철 잃은 가을 비
매섭게 휘몰아칩니다
두드리고 후벼파고 채찍질해 댑니다

저 이가 찾는 건 무엇일까요?
지난 날 널브러진 상처인가요?
무얼 하려고요?

참 야속도 하시어라
아픔도 슬픔도 어루만져 안으시더니
이리도 매몰차게 버리시나요?
찬 바람이 매정하기만 한데
휘잉 휘잉 휘잉
한 줄기 따슨 정마저 끊고 가시려구요?

조용히 시를 읊조리던 모습
헤어짐의 전주前奏를 감미롭게 속삭이던
멋진 당신
어디 가셨나요?

이별이 휑하니 가슴을 저미지만
늘상 그런 이별이었기에
서러움을 옷깃에 숨기웁니다
안녕
내 사랑

향수鄕愁

잘 익은
가을 햇살
한자락 지붕 위에 펼쳐 놓고
일상같은 무말랭이를 말리고 있다
가벼운 내가 올라가고
한 소쿠리 앗아 주시는 울엄마
표정이 흐뭇하시다

이제 어머니는 무말랭이를 말리지 않으신다
가벼워진 어머니도 무거워진 나도
가을의 진한 햇살을
기다리지 않는다

아련하다
옥상에서 하늘을 보며
무말랭이를 말리고 싶다
향긋한 향수를 위해
가을 햇살은 아쉬운 것이다.

추병상련秋病相憐

시원한 가을 바람이
앗차 고뿔에 걸리고 말았구나
백약이 무효인가 콜록
때 이르게 양지녘에서 몸을 푸는구나

눈을 드니 온통 울그락 불그락
이게 무슨 변고냐?
잠시 잠깐에 세상이 변했다고
참, 가을엔 병도 많으이 눕지는 마시게나

계절이 어지러웁기는 마찬가지
깊고 널직히 앓을 뿐이라네.

‘남한강가의 추억’을 추억하며

남한강가에 늘어 선 미류나무
옥빛을 휘두르며 조잘대던 잎사귀들
부드럽게 감싸안으며
수 천의 입술로 애무하던 그 바람
어쩔 줄 몰라하며 아우성치며 희열에 떨며
뺨을 부벼대던 그 바람인가?
멀리 떠나 간 발자취를 좇아 여기 왔지만
바람아 정열이 식었느냐?
금새 차가워졌구나

깊고 푸른 눈동자로 지켜보던
하늘은 말이 없고
파아랗게 새기고자 했던 투명한 부조
하늘가로 사라지고 없어라

강물은 끊임없이 추억의 잔해들을 씻어내려
내 노래는 한 실날도 찾을 수 없구나
그대는 뿌우연 실루엣만 남아
새벽 안개 속을 거닌다
아득하고 아늑한 기억은 황홀하고
다시 허무하다.

가을에 취醉하다

자, 가을을 한잔씩 들게나
불콰한 얼굴은 그냥 가을이려니
가을이 그득한 그 술병을 이리 다오
과하다 핀잔은 마시게나
취하면 나도 가을 속으로
그냥 가을이 되고 말지니
깨우시진 부디 마시게나
취함에 취해서 더 취하도록
나는 깨고 싶지 않다네
이 가을과 함께
가을의 빛깔로
그냥 남고 싶다네.

가을 장마

일찍이 환웅 할배가 데려온 우사雨師
가을 폭우의 애비런가
머언 먼 황송하신 분
난리에도 섭한 말씀 못 드려
계절 날씨도 노망기 있나보네

너들 인간이 문제지
지구의 숨결을 흐트려뜨리고
재채기를 일삼게 했지
옛날 풍사風師 운사雲師 우사雨師 시절
농사가 얼마나 즐거웠던고
오곡백과 넘쳐나고
티 없이 맑은 영혼
흰옷을 좋아함이 그때부터였던가
계절도 순응하니 순淳하고 박樸하였네
허나 이 무슨 변괴인가?
울음도 바다
눈물도 바다라네

가을산에서

수채화 왼갖 물감
빼곡이 엎질러 놓고 위에
물 한사발
퍼질렀구나
그 가운데로
꼬물꼬물
나는 한 마리 애벌레되어
가을을 온통
뒤집어쓰고 있구나.

가을 여백餘白

여백을 밥 먹듯 먹어치우는 화선지에
여백을 밥 먹듯 채우고 나면
여백은 여백을 밀어 내고
먹물이 뚝뚝 듣는 집채만한 붓으로
여백을 그린다
여백 속에 커다란 눈동자만 남고
눈동자의 눈동자 속에
가을 바람이 분다.

시월 단상斷想

문득
시월이 뉘엿합니다
멱을 감은 듯
상큼한 모습입니다

새벽길
가로수를 보며 동병상련同病相憐
으스스스 움추려듭니다
가실이 허접한 내 인생
생의 가을 길에서 이런 모습
감추고 싶었는데…

그 여름
뜨겁게 불태웠던 몸뚱아리

이제 한 잎 두 잎
이별을 준비하네요
차가울수록 벗어던지는 저 만용
찬 숨만 차가이 맴돌겠지요

인생의 덧없음을 맛보는 처절한
계절의 아림
'시월의 어느 멋진 날에' 도 묵직히 가라 앉는
이내 심사

가을 예찬

여름 내내 땡볕을 독차지 하느라
곁을 돌아볼 여유가 없었습니다
서늘한 새벽 바람에 퍼뜩 정신 차리고
살며시 옆을 보았습니다
도도한 단풍나무가 계면쩍게 웃으며
돌아보고 있습니다
지난 봄 내내 고귀한 자태를 뽐내던
하얗게 꽃 피던 목련이
게름체한 눈으로 씨익 웃네요
이제
젊은 여름 날을 되돌아보는 계절이 되었습니다
제 잘난 맛에서 같은 동지가 된 거지요
한 낮 볕이 아직 따가운 것은
주위를 되돌아보지 못한 미안함을
반짝반짝 진한 가을 햇살을 받아
아름다운 빛깔로 이웃들에 성숙함을 알리라는 것
모든 것을 벗어 내려놓은 해맑은 모습
맑고 깨끗한 이 계절을
사랑합니다.

황혼에 서서

짧은 순간이었어
해가 빛나는가싶더니
비가 왔어
진눈개비가 시야를 어지럽히더니
함박눈이 왔어
눈은 참 포근하지
끝없이 안기고픈 어머니의 품 속
고향같다고나 할까
잠들고 싶어
스르륵 눈 내리는 소리에
스르륵 잠이 들고 싶어
그치지 않을 눈과
깨지않을 잠을 생각해
난 꿈도 꾸지 않을거야.

낙엽1

지금
가로수가 옷을 벗고 있다
뭇 시선도 아랑곳 않고
미풍이라도 불어오면 기다렸다는 듯 몸을 떨며
화려한 기억들의 속옷까지 내팽겨 던지고 있다
눈이 부시게 향기로운 나신裸身
아름다운 당당함 속엔 회한이 스며 있고
조용히 울고 있을지도 모른다
바람 부는 새벽녘이면 어김없이
마른 울음을 토해대곤 하니까

지금
가로수가 옷을 벗고 있다
벗은 옷들이 채곡이 쌓여간다

바람이 불라치면
지난 시절의 얘기들로 처연히 부산스럽다
영롱하던 기억들은 빛 바랜 수채화
고운 색동옷은 제 빛깔 부여잡고
추억 속에서 길을 잃어 갈 곳 몰라 서성인다
흐르는 시간만큼이나
옅어져가고
잊혀져가고
다시 돌아온다.

낙엽2

가을 끝자락
찬비가 낙엽을 재촉하네
어데로 가란 말이냐?

한 시절 햇빛바라기로
몸을 가꾸던 때가 있었지
꿈결같이 흘러 가버린 시절
색동옷을 입었을 때도 어렴풋이만 알았었지
뭇 시선들의 환호에 그저 황홀했었지
이내 배가 고팠어
죽자사자 매달릴 수 밖에 없었어
거친 호흡도 시원히 어루만져 주던 바람
매정히 적의를 드러냈어
열기를 식혀주던 향기로운 빗소리가
차분하게 죽음을 배웅할 줄이야

나는 가노라 온갖 영화를 내려놓고
미련을 떨치고 가노라
비야 쏟아져라
청춘도 사랑도 인내도 환희도
너의 싸늘한 체온 속으로
차갑게 녹여 다오.

가을

들국화 잎새를 감싸던 갈바람도
억새를 가르는 칼바람으로 변신하고
단풍은 제 몸이 무거워 몸붙이를 이별하고
낙엽이 내뿜는 허무 속으로
터벅터벅 걸어서 겨울로 갑니다
햇살이 너무 따가워
가을은 옷 속에서 행방불명 되었고요.

가을에

외로움 괴로움
수많은 세월 동안 돼지저금통에 모아두었습니다
꾸역꾸역 채여서 더 들어갈 데가 없네요
비우려해도 용기가 없네요

가을이 되고
내가 사방으로 뻥 뚫려버렸네요
바람이 마구 통과해버리고
물이 스며 지나가는 몸뚱아리
나는 가을 같이
아무 것도 남지않고 싶어요.

주막酒幕에서

비 오는 날
어스름 때
빗방울 털며 주막에 들다
쓸쓸함을 어이치 못해 탁주 한잔 청한다
비는 마른 대지를 적시다
탁주 사발에 들어앉는다
켜켜이 쌓인 삶의 찌꺼기
회한들의 퇴적물을 빗방울에 버무려
거풀거풀 씻어 마신다
흑백영화 속 남루한 몰골로
얼마나 오랜 세월 걸어 왔던가
주막집 왁자한 소음이
빗줄기 같이 부산하고 한편
따뜻한 한접시 빈대떡같다.

이별이야

콧등에 엉겨붙어
꼬장지기던 늦더위
어드메쯤의 산물인가 벌써 잊은 양
옷자락 부여잡고 또 잡고
오호라 나는 가노라 눈물로 고하니
설운 맘 어이할 수가 없어
아침 저녁 찬 바람에도 다시금 기약을
차마 못하겠노라
잊힐래야 잊힐래야
부여잡은 손 기어이
놓고야 말더이다.

제2부
계절 속으로, 두나

오월의 눈물

모든 꽃이 눈물을 흘리며 지는 것은 아니오
꽃이 지는 것인가 할 정도로 가볍게
스러져가는 꽃들도 있고 또
목련처럼 칼맞은 가슴으로
온몸으로 울부짖는 꽃도 있소
강변 가는 길모퉁이에서
관능의 몸부림을 붉게 토해대던
동백의 눈물에 이어
화려한 오월을 흐드러지게 물들였던
붉은 철쭉이며 모란꽃 고귀한 자태도
지난 밤비에 눈물 방울방울 흩뿌렸소
밤비 아니더라도 이 아름다운 피흘림의
잔해를 밟을 수가 없는데
이 무슨 슬픔이란 말이요

스러져가는 오월의 찬란한 슬픔에 기대어
갈래진 마음을 쓰다듬소
꽃이 눈물 질 때에 더욱 눈길 옮기지 못함은
이내 마음병도 그만치 깊어졌단 말인가 보오
눈물지며 그대가 가고
오월도 가고 봄도 가오.

가로등

페츄니아를 허리춤에 들쳐업고
졸고있는 가로등
장마 끝에 나온 햇살이 버거운 듯
차량들이 비벼 뭉게는 매케한 열기
끓을 듯한 아스팔트에 정신이 혼미한 듯
아니야 아니야
일전에 추적추적 내리던 비
옛 추억에 젖은 눈 뜨이지 않아
꿈길에서 길 잃고 싶지 않아
매정한 몰골도 손가락질해도 좋아
날 좀 꿈꾸게 내버려 둬.

목련이 질 때

하얀 목련꽃이 뚝뚝 떨어지면
이내 마음 울고 싶어라
목련꽃은 그냥 지는 것이 아니라
살점이 뚝뚝 떨어져 나간다
꽃받침을 싸고도는 슬픈 시간의 흔적
목련꽃 휘황한 자태에
누가 회한의 자국을 남겼단 말가
녹슨 칼에 휘둘리운 듯 무딘 창날에 가슴을 내어준 듯
하이얀 꽃잎에 선명한 핏자국
발 밑에는 눈물이 방울져 있구나

흙속의 뿌리야
칠흑 어둠 속에서 무엇을 빨아 올렸관대
꽃잎마다 아픈 상흔을 남기고
기어이 떨어뜨리고야 마는가?
지는 목련 아래에선 발길 옮길 수가 없구나.

식목1

이번 식목일에는 나무 한 그루 심어야겠다
감사의 나무를 심어야겠다
내 잘난 삶을 있게 해 준 우리 어머니께 드릴
곱고 소담스런 꽃나무 한 그루
가슴 한켠에 꼭꼭 심어야겠다
우리 엄마 살아 생전
정성스레 꽃 피워 드려야겠다.

식목2

가녀린 모국어의 나무를 심어야겠다
빗발치는 외래어의 홍수에 침몰되지 않기를
간절히 기도하면서
우리의 사고와 행동방식이 우리의 정체성이
우리도 모르는 사이에 침몰되어 잊혀져가기 전에
수많은 잔해들 사이로 아직도
푸른 숨을 쉬고 있는
우리의 아름다운 모국어를 위해
땅을 일구고 밑거름을 더하고
도타이 북주는 일을 잊지 말아야겠다.

기다림꽃무릇

육모 족두리에 곱게 빗은 머리
동백기름 살짝 바르고 연지곤지
혼례길 기다리는 새각시인가
얼마나 그리웠으면 얼굴부터
쑥욱 내밀었느뇨

임이 오시지 않더냐?
흔적도 없이 가시더냐?
설레던 기다림은 윤기를 잃고
찬란했던 염원도 빛 바래가는구나
헝클어진 매무새 초췌한 얼굴
애간장 다 태우고 스러져가느냐?
그리도 못잊을 임이라면
기별도 없이 기다렸더냐
못난 놈 상사화야!

봄

투명한 은가루 보석비
아침 햇살이 폭포수처럼 쏟아지고 있다
하늘의 전령이여
가지 끝을 애무해 새움을 재촉하고
숨 죽이며 움추린 대지를 깨운다

지구의 껍질을 깨고나오는 병아리
노오란 깃털
부드럽고 여리고 강한 새싹
용트림의 생명이여!
경이를 맛보는 몸의 식탁이여!

봄비

봄비가 볼을 어루만진다
한없는 부드러움으로 내밀한 곳을 스미고 살을 섞는다
도도한 수국도 온몸을 활짝 열고
즐겨 맞지 않는가

작은 연못 헤살짓는 물결
연신 뽀뽀세례 받는 살 오른 금붕어들
이 무슨 횡재냐
멈춰있는 물레방아가
숨 죽이고 바라본다

빈 화분에 맨살을 부비며
무언가를 재촉바라기 한다
느림보 싹을 채근하여 눈 비벼주고
늦은 봄도 채비한다

상큼한 철쭉이 모르는 척 흘겨보지만
꽃이 진 모란은 미안한 듯
가슴을 내어민다

봄비야 이내 흙가슴도 적셔다오
이 봄
나는 무얼 싹 틔울까?

백합

뭇 꽃들이
나름대로의 미소로 시선을 모으지만
강열한 흰빛과 당돌한 자태
부드럽고도 강력한 미혹산
밤새 딩굴던 관능의 몸부림으로도 모자란 듯
깊은 곳의 속향기로
종일을 빠져 헤어나오지 못할
그 마음
사랑에 빠지다보면 어느 듯 없어지거나
몽롱하고 흐릿한 눈빛으로 꽃 속으로 빠져들어
미몽의 세계로 날아가버린다
일체로 사그라져버린다

백합은 그 유혹을 위하여 오늘 뜰에서
문을 활짝 열어 젖히고
나를 부른다.

백합이 필 때

무언가 심상치 않는
기운이 느껴지네
저 만치서 나를 꿈꾸 듯 부르네
혼미에 빠질 듯이 감미롭고
영혼을 찌르는 향기
백합이 피었네 백합이 피었네
다시 보니 고함치네
종일 귀가 쨍하네.

비인 강을 바라보며

물새가 텅 비인
강물을 바라보며
비인 화폭에 비인 마음을 그린다
여백이 이리도 무심탄말가
상실을 무채색한 뿌우연 풍경이
차라리 정겨웁다

베짱좋은 사춘기 청둥이 한쌍
한창 데이트 중이라네
뭇 눈길 힐끗이지도 않고 세상에 둘만 있다는 듯
앞서거니 뒷서거니 사랑놀음에 열중이라네
잔잔한 물결을 쟁기질하며 올망졸망
무얼 씨뿌리건대 하염없이 즐거운 물오리 무리
유연한 이 하모니는 누가 지휘하는고?

가끔씩 깃을 털며 기우뚱
나른한 정적을 잠시 깨우는
바위섬 빼곡히 앉은 검은 망토의 검객들
감춰진 눈빛은 무엇을 겨냥는가?
날 보란 듯 펄쩍 튀어오르는 간 큰 물고기는
또 무슨 우스꽝이냐

눈자욱에 그린 듯이 선명한 한웅큼의 기억
어이할꼬 허어 참…
비인 화폭을 채워줄 어느 물새떼는
어디에서 노니다가 이제 달려와 푸웅덩
이내 젖은 가슴에 자맥질 하려무나.

윤슬1

수영강에는
강물만 있는 것이 아니다
바람 부는 날
미루나무 잎사귀처럼 붐비는
젊은 날의 하얀 부서짐
강물 위로 반짝이는 빛나는 기억
강물을 부여잡고 침잠하는 기억
윤슬은
아름다운 기억들로만 이루어지는 것이 아니다
슬픔을 안고 빛나는 것이다.

춘곤증

수영강에도 졸음이 쳐들어왔다
물닭들이 내몰라라 사라지고 난 후
넓은 물밭 쟁기질도 꿈결이로고
넓적넓적한 물결은
수줍게도 축 늘어졌구나
펄적 뛰던 물고기 에라 모르겠다
나도 잠세상에나 한숨 빠져볼까나
부스럭대며 수영강이 졸고 있다.

봄향기

감미로운 봄바람이 후욱하고 숨을 모우면
치자꽃 향기가
참새떼처럼 조잘대며 날아가요
이내 온 몸도 새떼되어 날아가요

꽃향기는 없어지지 않아요
새가 날아가는 곳 그 어디에서나
맵시를 흩뜨리지 않고
소복소복 뭉쳐있어요

봄바람 봄향기
어느 듯 새들도 봄향기에 젖어요
봐요 지저귀는 소리도 향기롭잖아요
봄바람이 향기로운 까닭이어요.

접시꽃

마을 박물관 화단에서
넓게 자리한 페츄니아를 배경으로
멀쑥하게 핀 접시꽃을 한 카트 찍다

밭일 간 엄마를 기다리는
누이의 허리춤에 매달려있는
아가의 방긋 웃는 동그란 웃음

절대자의 은혜가 접시에 가득가득
그는 구하지도 않았는데도
조물주의 연회접시로 낙점되었다

화려한 아우성의 여성성 앞에
불쑥 솟아있는 까칠하고 당돌한 꽃
건방스럽지 않고 비굴하지 않고
천박하지 않고 유치하지 않게
조심스럽게 눈을 맞추고 찰칵!

세파를 능멸하려는 의지가
뿌리 깊숙한 곳까지 삼켰구나.

수영강 한 컷

잔잔한 봄물결 위에
싸락눈처럼 쏟아지는 햇살
봄이 선사하는 윤슬 한마당
머얼리 흰 물새 한마리
정적을 깨며 외로이 비상한다
강 건너 초록에 휩싸인 강변로는
쉴새없는 차들로 부산하다
줄지어 선 창백한 아파트들
몽롱한 풍경을 호위하듯 줄서 있다
엷게 채색된 푸른 하늘이
오후의 나른한 햇살을
온 몸으로 사위어낸다
밀물을 타고 수영강이 역류하는 시간
텅 비인 강을 물고기가 튀어 오른다
현기증이 난다.

초하유감初夏遺憾

초록이 제거된 창백한 주거에서
유월의 매운 햇살에 중독된
잡종 진도견 한 마리와 늙은 권사님
나른한 생명을 소비하고 있다
빨랫줄엔 미지근한 바람과 하얀 속옷이
창백한 오수午睡를 즐기고 있다
주위는 무덤덤하다.

오수午睡

봄날 오후
삽작에 핀 나리꽃
숨도 삼키며 졸고 있다
뙤약볕이 겨드랑이를 간지려도
잠겨워 몽롱히 그냥 서 있다
살랑살랑 아가 봄잠을 부채질하던 봄바람
봄졸음을 어쩌지 못하나 보다
푸석한 눈 부비며
시나브로 담장 아래로 꼬실라진다.

밤비

마른 귀를 화안히 적셔오는
밤비 소리
바람이 씻은 몸
향기로운 빗줄기
봄비는 꽃향기를 입었고
아련한 추억도 잠깨어 보챕니다
의식의 뒤란에서 또렷이
빛나는 그대
보고픔을 밤비가 달랩니다.

제3부
계절 속으로, 세나

사계四季

봄– 부산하다
　부지깽이도 살아있는 척
　덩달아 흥을 돋운다

여름– 질주, 고통도 아픔도 모든 게
　속이 더부룩하다
　바쁘단 것도 잊은 채 바쁘다
　여름날이 의미하는 바는
　글쎄요 한다

가을– 무엇이 올바르며 무엇이 그릇된지
　햇살에 강한 아쉬움을 나타낸다
　충만도 있으며 공허도 있으며 후회도 있다 또는
　십자로에서 졸고 있다

겨울– 과거를 곱씹으며 숨죽인다
　무엇인가를 회의懷疑하며 인내도 배운다 또는
　부질없는 윤회輪廻를 애써 외면하고
　그냥 잔다.

생명(중력1)

생명있는 것들은
다 중력을 거스런다
매운 바람에 온몸으로 저항하는
저 나무들을 보라
두 주먹 불끈 쥐고
탱글한 생명을 과시한다
아래로 아래로
대지에 밀착하려 몸부림치는
창백한 잔해들과는 다르지 않는가

죽은 것들이 땅을 향해 곤두박질할 때
무릇 생명있는 것들은
하늘을 향한다.

새싹(중력2)

새싹이 움트고
힘찬 솟구침을 보면
놀랍고 경이롭다
인고의 시간을 보낸 생명이
하늘을 향해 춤추는 거부하는 몸짓이다
숨가쁜 기도이고
불꽃같은 염원이다

거스를 수 없는 중력도 내치는 기운
푸른 하느님도
내가 너 한테는 지는구나
마침내 껄껄 웃으시며
푸르름을 내어주시지 않느냐.

차운 계절(중력3)

새싹으로
중력을 어깃장 놓는 봄이
하극상의 계절이라면
가을은
순응의 계절
대자연의 흐름에 호응하는 협치의 계절

조용한 함성이 침묵 속으로
침잠하는 겨울
생명이 생명없습과 몸을 섞고
있음과 없음이 하나될 때
긴 꿈을 꾼다
푸르름으로 가는 꿈 속에서
낭만의 계절을 새김질한다

독주毒酒가 아름다운
가을
그리고 겨울이다.

칠월

칠월이 왕성한 식욕을 자랑하며
그대에게 인사를 하네요
무감각과 분노에 휩싸인 그대에게
날 좀 봐달라고 인사를 하네요
무언가 고백하고픈 눈치도 있네요 그러나
칠월과 그대 사이에 창 하나가 놓여지네요
생명의 노래는 창밖에서만 맴돌 뿐
그대 귓가를 스치지도 못하네요
칠월은 아우성치며 때론 울부짖으며 때론 다소곳이
그 열기를 드러내고 감추우고
화염도 없이 제 속살을 불태웁니다
우리 창을 열어 잊었던 체온을 나눠요
칠월의 외침을 들읍시다.

비 손님

어디선가 반가운 손님이 옵니다
문 밖을 나서니 아우성치며 떼거지로 몰려 옵니다
온 몸으로 맞고 싶은
꿈에라도 그리던 손님입니다

타닥타닥 신작로를 핥으며
마당을 지붕을 마른 마음밭을 적셔 옵니다
방앗간 술어미같이 정겹습니다
온갖 것들로 덧씌어진 잿빛 삶터에
한줄기 생수같은 빛 줄기
그대가 오시는군요.

더위 별곡別曲

실오라기 하나라도 남김없이
말갛게 벗고는
어디에 숨어 계시는가?

이제는 숨을 곳도 없습니다
모조리 찢발겨져 흩어지고야 맙니다
허허공중에
아스라이 사그러집니다

누군가는 너절한 미련이라 합니다만
그 여름 얼마나 뜨겁게 사랑하였습니까?
황홀한 애무를
지치지도 않는 긴 입맞춤을
으스르지도록 퍼부어 댔잖습니까?
결실도 후하게 남겼지요
그럼요

이제는 가야죠 그럼 가야지요

뭐 아쉬워서만은 아닙니다
미처 못다한 정이
잔불로 남았을새라
미적대는 것처럼 보일겝니다
그러하든지 저러하든지
너무 천대하지는 마십시오
속 시원타 후련해하다가도
머잖아 생각이 날겝니다
아스라져라 끌어 안았다가도
금방 싫증내버리고는
서늘해지고 싸늘해져 웅크려 떨고는
다시금 지나간 일들을
그리워 합디다
그래도 때가 오면 몇 번이라도
다시 오겠습니다
잊지 마시고
잊지 않겠습니다.

칠월 애가哀歌

초순부터 물난리로 아우성이라 네게
이런 말도 부끄럽다만 그래도
참 고생 많았다 얼마나 애가 탓겠느냐
네가 본시 그런 친구가 아니었음을 익히 안다
억수로 쏟아부은 장대비 속에는 네
눈물도 절반은 있으리라
유월에게서 이어받은 푸르름에 무엇을
더해야 할지는 네가 더 잘 알진대
울음바다 눈물바다 한숨바다 속에서도 네
할 바를 조금은 지켰더구나
할 말이 많으리라
그래 많은 부분이 인간들 탓일게야
그토록 몸살을 앓게 해대니
속이 끓어서 못 참았던 게지
확 풀어젖히고는 통곡도 했겠지
아아 어머니 어머니
어머니 대지여…

다 이해한다 이해하고말고
마음을 가라 앉히렴
의지대로 되는 게 아니지
속절없는 난리를 겪어왔으니
아아 참 부끄러운지고

열기를 듬뿍 쏟아부어야 하는데
뿌리는 뿌리대로 알곡은 알곡대로 고운 잎은 잎대로
대자연의 뭇 생명들에 대한 내 예의인데 말이야
하튼 잘 가
네가 내몸인데도 이렇게 생이별이라니
반가운 헤어짐으로 다시 만나자
안녕~~

(2020년 8월이 7월에게)

팔월 유감

흙탕물에 젖어 난롯가에 앉은
팔월
얼굴빛이 빠알갛구나
벽에 걸린 또 하나의 팔월이
무심히 바라본다
덕지덕지 쳐진 꼴이란
이미 볼성 사납구나

당당한 계절의 우두머리
용솟음치는 광기로 뜨겁게 젊음을 과시하더니
누가 이 주눅들게 하느뇨?
수수께끼같은 계절
누가 이 스무고개를 베풀었느뇨?

기약없던 긴 장마와
시時도 없이 과시하는 태풍
아가리 벌린 무덤같은 코로나19…
애닳다 바라보는 대지大地여
한번의 일탈이기를

누가 이 답답한 외투를 벗겨다오
남은 반생, 보름
팔월답게 살고 싶다
팔월아
내가 부르고 내가
온 몸으로 대답한다.

(2020년 8월)

애기 겨울1

가을이 늙어간다
유독 가을만이 늙어간다
햇살이
화려함의 거풀을 벗겨내고
누우렇게 빛바랜 가을을 쪼아부친다
갈바람은 양지녘 담장 아래 웅크리고 앉아
콜록이는 가을을 위로하며
찬바람에 길을 내어준다
빛바랜 틈새로 새단장한 겨울이 삐끔이 내다본다
때때옷 갈아 입고 분칠도 했구나
휘이익 위세도 부려본다
의기양양 천진난망 중구나방
애송이인데 누굴 닮았나
고놈 손때가 맵고 고소하구나.

비와 나

빗줄기가
뽀오얀 물먼지를 일으키며
아스팔트 위를 달려가오
도시의 창백한 소음은 빗소리로 섞여드오
끊없이 부서지며 내팽겨쳐진 방울방울 속에
태아처럼 웅크린 수많은 내가
눈을 감고도 물창 밖을 바라보오

잎이 넓은 가로수는 초록을 몽땅
빗줄기한테 먹혔나 보오
갈수록 짙푸르게 변하오
희뿌옇게 안개 먹은 아파트들은
묵화 속으로 얽혀 드오

점차 혼미해져 가고 있소
얼음덩이처럼 빗줄기에 녹아가오
웹툰 한 토막처럼
형체도 잊을 것이요
휴대전화는 불통이요.

천렵川獵

비 개인 날
우리 천렵을 가자
국수 몇 다발 챙기고
술은 막걸리가 어울리지 소주도 몇 병 가져가자
이왕이면 풍치 좋은 곳으로 터를 잡자
육모정 어디메가 괜찮겠지?
좀 잡혀 어탕할만큼은 되어야 하는데…
물고기는 기호가 딱이야 고기하고 친해
기호는 물구신이야
주당들은 입가심부터 해야하지 않겠는가?
한낮의 열기가 온 몸을 튀겨낼 듯
밀짚모자는 햇빛도 가리고 때때로
바람도 일구느라 연신 바쁘다
어이 기호야 좀 잡았나?
그래 투망질 몇 번만 더 해보고…

그릇이 좀 차야지…
족대로 고기잡던 시절은 옛날이야
좀 더 넓고 깊은 데로 가야 돼
고기가 옛날만큼 있어야지 그때는 천지였었는데…
그래도 제법 잡았네 댓그릇 되겠어
개선장군 기호 납시오!
야호! 얼씨구나♪ 절씨구나~~♬
나른하던 오후가 갑자기 부산하다
날피리 빠가사리 뺀드래이 떵가이등등
어라 미꾸라지도 있고 귀공자 꺽자구도 있네
이놈들 뼈를 잘 걸러야 해
너무 익어마 안돼
체질을 잘 해야 돼
국수 넣고 야채 넣고 양념 잘 풀어라
소금 쪼깨만 넣고 재피가루 있재 고추장은 어디 갔노?

역시 질나이가 필요한 거야
나야 뭐 흥청망청 분위기나 즐기고
술이나 작살내는 조니까 그져
있어도 그만 없어도 그만인 황송한 몸
없는 내가 섭할까봐 감초같이 끼는 거지
우메~ 국수가 와이리 맛있노 누가 끓였노 이거!
자 한잔씩 들게나 쐬주도 여깄어
거나토록 먹고 마시고 떠들고… 하루해가 간다
찌꺼래기 파 묻고 깨끗이 해라
아니 설것이도 기호 모가치가?
그게 편하대 역시 꾼이야
몽땅 기호 가게에 갖다놓고
천성집 가서 한잔 더 해야지 니나노~~♪
여름해는 뉘였하고 천렵 귀로에
발걸음도 가볍다.

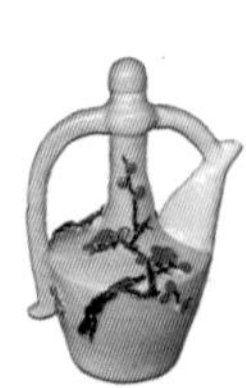

비

수영강에 비가 오면
강물은 담배 한대 피워뭅니다
시루떡같은 물안개를 뭉터뭉텅 뿜어올리며
강변 풍경은 몽환입니다
벤치에 앉은 사내는
그림자의 그림자
강변 오솔길을 걷고 싶지만
맨발로 우산 속 공간
허허 공간만 맴돕니다
비는 계속해서 오고
올 것입니다.

비 오는 날 오후에

여름날의 비는 소리도 끈적끈적 하오
속곳까지 젖어도 정열은 식지 않아요
놋날같은 빗줄기는 풍경들에
희뿌연 장막을 드리우고 진득하게
한낮의 방사房事를 유혹하오
운우지정雲雨之情은 빗소리에 잠겨들고
나른한 오후는
잠이라도 든 듯 하오.

소낙비 풍경

소낙비가 거리를 활보하오
가로등 허리춤에 매달아 놓은 페츄니아가
사내들의 동정심을 자극한 게 못내 미안한 듯
푹 수그리고 있소

능소화가 비가 내리는 중에
활짝 피고 말았소
열천을 견디는 기개가 대단한데
겸손도 알아야한다며 고개 숙여요

온 몸을 활짝 열고
은밀한 곳 깊숙이 받아들이는
저 옹녀같은 대지와는 달리
까칠한 잿빛 포장도로 맨얼굴로는
변강쇠 애무를 견디기 어렵죠

이들이
굳이 소낙비를 그리는 까닭입니다.

애기 겨울2

창호지 바른 문틈 사이로
방긋 웃으며 나타나는
앳된 얼굴 겨울아
아장아장 발걸음이 왜 이렇게 시껄하냐
얼굴에 쩍쩍 금이 가고
몸이 얼음장같이 투명하구나
살갗이 이리도 차니
네 피는 오죽하겠느냐
어리냥으로 보채기라도 할 양이면
애꿎은 바람만 힘이 든단다
네가 냉혈의 자식인 줄을
차라리 잊고 살련다.

추위

날씨가 갑자기 추워졌나
방앗간 참새들이 벌써 날아가 버렸다고
이제 술시 초저녁
한창 입맛 돋울 땐데
막 들어선 단골네 주모
섭하다 투덜댄다
에구 추워라
뜨끈한 국밥에
쇠주 한잔 말아 볼꺼나.

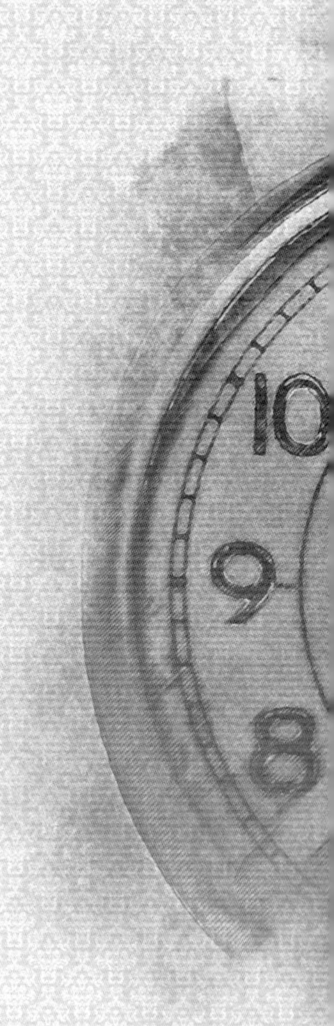
10
9
8

제4부 삶 속으로

새해를 맞으며

이별의 한恨이 이리도 차던가
설한雪寒의 가운데를 관통하여
찰나가 교차한다

저 만치서 뚜벅뚜벅 무너져오는
새해 새아침 새로운 시간
너의 정체가 무엇이냐?

방긋 웃는 아가의 볼에서 하염없는 희열을 맛 보게 하고
피끓는 청춘에게서 꿈응 새김질하는구나
머뭇거리는 빛 바랜 눈망울에게는
애기동지를 보내고 흰소를 맞이하는 이 순간이
무엇을 의미하는가?

여기 찰나의 교차 속으로
나
우리
모두
함몰한다.

(2021년을 맞으며)

백일홍 배롱나무

그대
눈부시게 향기로운 나신裸身을 느끼는가?
여기 백일홍이 있다네
진한 입술 농염한 맵시
관능미를 뽐내는데 백날이 부족턴가
싸늘한 계절에도 훌훌 벗어 던지고
미끈한 각선미 하늘 향해 유혹한다
바람이 민망하여 휘돌아서 가누나
서생 마음에 바람이 이니
글 읽는 소리 멀리 멀리
담장밖에 심었다지만
요즘 백일홍 흔히 보이나니
힘차게 벗어 제치는 시대
페미니즘 우먼파워가 거리에 넘치네.

얕거나 깊거나 여울지거나

그 사람
물이 얕아
또랑이나 실개천 작은 시내쯤 될려나
자맥질하단 머리 다치기 십상이지
휙휙 무리지어 지나치는 송사리만
눈을 현란케 해
뭐 그렇다고 송사리가 나쁘단 얘기 아니야
그저 크고 또 좋은 고기들은 살기가 어렵단 얘기지
그리고 무엇보다 시끄러워
졸졸졸 할 때면 이쁘지
그럴 땐 자장가 삼고 싶지만
쉬이 넘쳐서 시끄럽단 말이야
늘 부산하고 바빠
그런 것도 사는 맛 아닐까
하기사 내가 시내를 얼마나 안다고…

그 사람
물이 깊어
강 쯤은 되겠지
깊은 곳에서는 물안경을 써야겠지
컴컴한 그곳에는 바위도 있다네
엉큼한 메기나 날렵한 포식자 쏘가리도 있을거야
뭐 그런 것들만 물고기란 얘기는 아냐
거저 큰 물고기가 살 수 있다는 거지
무엇보다 조용해서 좋아
웅장한 오케스트라를 소리없이 듣는 뭐 그런 느낌
많고 적음이나 희비에 덜 흔들리는 거겠지
강이 말해주는 걸 어찌 알겠냐마는
그냥 풍덩 몸을 적시고 싶네.

옆집의 옆집 사내

우리 옆집의 옆집 사내
옆집 사내가 길을 나선다
아마도 주막걸 일게다
옆집의 옆집 사내가 길을 나선다
아마도 주막걸 일게다
옆집의 옆집 사내가 주막집 1을 기웃거린다
어젯밤 섯다판에서 버얼겋게 채색된 눈동자
매케한 얼굴로 두리번거린다
옆집의 옆집 사내가 주막집 1을 기웃거린다
밤새 기울인 술잔으로 몸도 기울었나
삐딱한 몰골로 두리번거린다
이윽고 옆집의 옆집 사내와 옆집의 옆집 사내가
주막으로 들고
2번 탁자에 자리한다
아니 동무는 잠 안 자고 뭐 했소?
내가 나한테 하는 소리다.

맥주 한잔 생각 나것네

얕은 물
상상만으로도 좋아 개운해
발 담그고 시원함을 즐기지
바람아 좀 불어 준다면 낮잠이라도 잠시…
뭘 깔고 앉은 듯
알량한 자존심도 좀 채워주는 듯
얕고 가벼운 일상처럼
시원한 맥주 한잔이 생각 나것네

깊은 물
우선 목욕부터 하고프네
세상의 먼지가 웬만해야지
스스로가 내뿜는 악취는 또 어떻고
물 속에서 방귀도 뻥뻥 뀌어야 쓰겄네
안과 밖을 깨끗이 해야지
깊고 무거운 삶이라해도
시원한 맥주 한잔이 생각 나것네.

배탈1

어머 안색이 안 좋으세요 어디 편찮으세요?
– 예 컨디션이 조금…
무얼 잘못 잡수셨나 보네요
– 아니 뭐… 먹긴 먹었나 본대… 그게…
뭘 자셨길래… 병원에 가 보셨나요?
– 그게 저… 사 사모하는 정이…
  너무 주책없이 샘솟는 바람에…
  뭉텅뭉텅 샘솟는 바람에…
  버리기는 정말 안되고… 그래
  마셔 버리자 그래서 술에 취해 정에 취해 잠…
  잠들었나 본데…
  근데 꿈 속에서 이상했어요
  꿈도 취했는지 뒤죽박죽…
  술과 정이 뭐가 안 맞았는지… 궁합이 안 맞았는지…
  과했는지 어쨌는지 그만…
  탈이 나고 말았네요 이게 병원 간다고… 되나요?
  어쩌구 저쩌구 저쩌구 어쩌구…
  그대의 타앗… 그대의 채애~ㄱ 이임
  궁시렁 궁시러엉…
어머머 이이가!!!

빈 자리

목사님 어머님 장례 치르러 가시는 길이셨단다
차창 밖의 들꽃이 아름다우셨단다
여태 보지 못한 애잔한 아름다움이셨단다
집 주위 도랑에 심겨진 강냉이
가장 아름다운 새싹으로 돋아나 있었단다
이 또한 보지 못한 아름다움이셨단다

들꽃은 어머니셨고
강냉이 새싹도 어머니셨다
어머니는 소중한 안타까움이셨다
어머니의 빈자리에 이들이
어부지리로 들어앉아 버렸다.

주당지상사酒黨之常事

화기애매한 분위기도 잠시
술잔을 앞에 놓고
짐짓 결투를 꿈꾼다
칼을 뽑아라!
아니 안 뽑을래 난 뽑을 것도 뭐도 없어 근데
아아 이게 뭐야!
후래아들놈 삼배後來兒 三盃도 이제 막 채웠는데
이제 시작인데
전주前酒가 쪼매있다고 웬 유세야?
그리 불만이 많냐? 박멸할 해충이야?
그는 스스로 무너지고 있었다
숨구멍도 없는 물통이 순식간에 끓어 오르고
역발산 항우도 어쩌지 못할 광포한 힘에 휩싸인 순간
그래 순간이야
격노의 눈빛이 이글거리고
용솟음치는 노 혈기가 마지막 둑을
장쾌히 무너뜨리고 있었다
거대한 장검을 쑤욱 뽑아 들고
아니 저게 자룡이 헌칼 쓰듯 용맹무쌍 위험천만
그 요염한 자태인가?

이 현실이 현실같지 않아 그저 도무지
어찌할 바를 모르고 싶었다
평생을 노심초사 연마해온 최후 최초의 초식招式이다
누가 노부老父의 건곤일식乾坤一式을 막을소냐!
벌떡 일어선 녹슨 필봉筆鋒은 일필휘지!
하얀 화선지 위에다 하이얗게
그의 아랫도리를 힘차게 베어버리는 것이 아닌가!
아아 적토마 타고 언월도 비껴 든
만고영웅 관운장도 이렇게 허무에 들어갔던가…
낭자한 신음이 철철 넘친다
엄숙이 짙게 감돌고
감도는 엄숙이 빙그레 웃는다
엄숙투성이에서 퇴장의 변도 엄숙하다
"일이 있어서 이만~"
그는 그렇게 갔다
잠시 몽롱했던 정신을 깨운다
술잔을 비운다
그가 남긴 잔도 비운다
……
오늘은 내 차지가 많군.

월강月江

달이 강을 건너고 있다
어드메에서 눌과 이별하였관대
물결 뿌리치고 저리 바삐 달려가누
유년의 가녀린 꿈을 안고
청춘의 아픈 기억을 안고
무작정의 방황을 쓸어 안고
어쩌지 못할 숙명을 보듬어 안고
도도히 구름을 떨쳐내며
푸른 달은 강을
하염없이 흐르고 있다.

우물

우물
정겨운 이름
부산하게 새벽을 열고
밤새 무고를 알리는 힘찬 두레박질
새물을 힘차게 뽑아내는 우물도
덩달아 신이 난다
따배이를 받쳐 물고 물동이 이고가는 여인이
밤보다 오히려 관능스럽다
남정네들이 한사발 버들잎 물로 시장기를 달래고
어둑해지는 저녁답
고운 속적삼 개켜놓고
무더위 희롱하던 등줄기 서로 식혀주며
도란도란 아낙들이 등목하던 우물
물고픔 말고픔을 채워주던 우물
옛날을 뒤집어쓴 채
세월만 배부르게 먹고 숨 죽여 있구나.

외가의 우물

일본서 돌아오신 외조부
마을 맨 안쪽
산 아래 널직이 터를 잡고
이태만에 우물 공사
물잽이가 표시한 곳 두 길도 더 팠다
뿌우연 물이 터져나와
이 물이 복되기를 복수福水이기를…

너는 무엇을 길어 올리려는가?
두레박에서 물동이로
꿈을
염원을
희망을 거푸 채워야지
그것들은 늘 부족했다 늘 허기졌다 늘 목 말랐다
생명수가 펑펑 솟구치길
간절히 기원했다

차운 바람 엄동설한이면
모락 김이 나는 약수 한사발로
물식구들의 탈을 어루만져주고
서늘함이 물씬 도는 냉수 한사발로
무더위에 지친 심신들을 보듬어주고
물단골 이웃 식구들
물고픔만은 없어야겠다는
인애仁愛가 낳은 우물이었다

뒷 골짝 도장굴 지하수가 상수도 되어
입식 부엌으로 직송되고
물 한사발로 엮던 이야기 넝쿨
물타래도 끊어지고
꿈을 낚던 어부였던가
꿈 꾸던 그분과 함께 우물도
세월 속으로 잊혀져 갔다

상상想像

여인이 상상에서 도망쳤다
그녀 꿈을 꾸는 게 어려워졌다
너무 오랫 동안이었나?
온갖 추태를 부렸는지 모른다
너무 사랑한다는 상상이 볼모로 잡았다
그녀는 상상에서 도망쳐 일대 타격을 꿈 꾸었다
결국 그녀가 이겼고
이제 그녀와의 애틋한 정분도
부끄럽게도 상상도 못하게 되었다
상상이여 안녕!
하고 상상했다.

시냇가에서1

우두커니 앉아 시냇물을 바라본다

앞물은 쉬임없이 끌어당기고
뒷물은 끊임없이 밀어내며
향기로운 속삭임으로 때로는
즐거이 춤추며 노래하며 때로는
암흑의 깊은 침묵으로 때로는
우리의 고함소리로 때로는
썩어 문드러진 몰골로 신음하며 탄식하며 때로는
잔잔하며 고요하며
포용하며 수용하며
부둥켜안고 속살을 섞으며
어머니 어머니…
바다에 이른다.

시냇가에서2

우두커니 앉아 시냇물을 바라본다

시간에 덜미잡힌 우리네 인생
앞은 당기고 뒤가 밀어
흐르는 시간은 틈새가 없다
끊임없이 과거에 자리를 내어주는 현재
미래로만 질주하는 시간 속 시간 밖에서
시간을 내려다 보는 시각은 과연 있는 걸까?
쌓여지는 과거로 끊임없이
함몰되어가는 우리
그 흐름 가운데서 나타났다 사라지는 한 점
신기루같은 걸까?
졸졸졸 흐르는 시냇물이 수수께끼의 언어로 종일을 속삭
이는데
엉뚱한 조약돌 하나 내팽기고
무겁게 돌아왔다.

청소

오전 여덟시 사십 오분
쓰레기 수거차가 왔다
덕지덕지 붙은 몸뚱아리
오늘은 뭘
걷어가나?

수영강

수영강이 나를 부르지만
갈 수 있는 곳은 강가
벤치까지 뿐

그 짙은 눈빛이 무얼 말하는지
어깨를 툭 치며
잡아채는 강물아

오늘도 강가 벤치에
우두커니
홀로 앉아 있다.

윤구룩 불잉걸

윤구룩에 고구마 익어가듯
속은 설익고 겉은 타고
우리들의 사랑도 늘 이랬지
젊음은 뜨거움이 유혹하던 시절
장작불이 남기는 윤구룩이 생각 나
뜨거움은 모든 걸 녹이지
자석같이 끌어당겨
소용돌이치며 휘감아 내어뿜지
사랑도 회한도 온갖 추억도 윤구룩에 녹아
마법같이 사그러진 거야
영원할 것 같았던 뜨거움도
한줌 한숨으로 훅 불면
하얗게 비산하며 사라지는
허공 허공
허허 허허허…

사각형

모락모락 키워도 사각형
사각사각 잘라도 사각형
내 마음은 사각형
사각형된 공간을
조물조물 채우고
사각형된 내 삶아
사각형 쪽문 하나
덜컹 닫혀버렸다.

고요 속으로

천지가 고요한 가운데
고요가 고요히 잠들어 고요하다
고요 속에서 고요 속으로 고요히 잠든다
이내 잠을 깬 고요가 천지를 고요로 들쑤시고
부산을 떨고 어수선해지고
깨어진 고요가 시끄럽다 이런!
고요가 떼거지로 몰려다닌다
몸부림치다가 고요한 잠에서 깨고 만다
새벽녘 꿈결같은 고요 속에서
잠깬 고요와 한판 결투를 벌이다가
고요 속으로 고요히
다시 잠든다.

꿈을 꾸며

꿈을 꾸고 있습니다
온갖 상념들의
바래어진 백골 위에
꿈을 덧칠하고 있습니다

춤추는 나비의 꿈을 좇아
훠어이 훠어이
꿈의 꿈 속을 훠얼 훠얼
꿈을 향해
꿈 속으로
꿈을 꾸며…

유년의 뜰

햇볕이 비집고 들어와
하루 종일 퍼질고 놀다가는
외가 마루 뜰
그 햇볕 만지작거리며 놀던
가을날의 기억들

추억의 잔해를 태우다
바람은 계절을 싣고 떠나고
윤회처럼
여기는 가을가지秋枝 끝이다.

밤1

밤이 기지개를 켜면서 일어나고 있다
어깨를 털며 두 눈을 부라린다

밤은 무엇을 삼켰길래
시꺼먼 어둠만 한웅큼씩 토해낼까?

밤은 무슨 음모를 감췄길래
음침한 장막으로 뭇 눈을 가릴까?

밤은 무슨 후덕한 마음씨를 지녔길래
세상을 포근히 잠들어 쉬게 할까?

밤은 무슨 깊은 정을 지녔길래
때로의 보고픔을 달빛으로 어루만지는가?

밤은 무슨 심오한 수수께끼를 품었길래
뭇사람 뒤척이며 잠 못들게 하는가?

밤이 졸음에 겨워 꾸벅이고 있다
매양 상념의 꿈을 꾸고 여명이 틈 탈 것이다.

밤2

밤은 까아만 강물을 마시고
짙푸른 안개로 병풍 친다
밤은 깊이가 가이 없어
다정이 끝이 없다
밤은 다함없는 스무고개이고
스스로가 문답이다
밤은 만물의 자궁이고
스스로의 어머니다.

눈

하얀 눈이
흰 눈썹 위를 어지러이 흩날리고
눈에 들어 눈물이 됩니다
개구쟁이되어 뛰어놀다
어깨 위 눈사태도 당합니다
바람을 타면
방황하는 발길을 어디론가 재촉합니다

눈은
을씨년스런 풍경을 파스텔로 문지른 듯
어릴 적 막내이모가
면경대 잡고 분칠한 듯
부드러운 아가 살갗이네요
뺨을 부비고
맨몸으로 딩굴고 싶어요.

아침 해

새벽빛이
한뭉텅이씩 어둠을 집어삼키며
저 멀리 동녘뜰을 헤쳐나오고 있다
곤히 잠든 대지를 깨우며
어정대는 눈까풀을 헤짓고
수많은 생명에게 새 힘을 줄 것이다

찬란한 아침 햇살은
수만의 화살침으로 온 몸을 들쑤실 것이다
부지런한 농부는 벌써 들을 둘러보고
뜬 눈으로 새운 불침번은
잠 휴식을 채비할 것이다

꿈틀거리는 태양의 열기가
온 몸으로 퍼져나가면
게으름으로 덧칠한 나의 아침도
허우적대며 일어날 것이다.

대결

어깨에다 바람을 잔뜩 부풀려 넣고
두 눈을 부릅뜨고
한 손에는 채찍 한 손에는 얼음칼이 들려 있는
얼핏 사천왕상을 떠올리게 하는 저 사나이
가만 보니 겨울이로구나 한겨울
사람들은 장군이라 부르지 동장군
하아 무서워 똥장군!

무언가를 안고 이고지고 있다
뭇 생명들과 생명 없는 것들
그것들의 소망까지도 짊어져 한짐
어깨가 무거워 보이는구나
가만히 보니 너는 대지 어머니라 불리는 너는
모든 걸 부둥켜안고 있구나

억센 팔의 사내와 연약한 아녀자의
일방적인 대결같아 보이네

대지는 말 없이 당하고만 있네
때때로 눈물자국도 보이네
뼛속까지 아리는 칼흔 혹독한 채찍질 가운데서도
사내의 눈을 피해
따습한 햇살로 온기를 더해주고 있구나
새 힘을 북돋아주는구나

본래 너를 짓누르고 억압해서
곰짝 못하게 하는 게 내 임무같은데…
근데 누가 임무를 줬지? 내 참…
너만 괴롭히려는 게 아냐
너의 계절이 오면
너를 괴롭힐 녀석들도 구석구석 찾지
뭐 진드기나 해충 따위야 안 보이는 것들도 많아
걔네들은 잘 숨는단 말이야
네가 이고 지고한 것들 가운데 교묘하게 숨어 있지
요것들이 꾀가 늘어 찾기가 더 어려워
이 동장군을 우습게 아는 거야?

너도 단련이 되어야 해 강해져야 한다고 알았냐?

나도 때론 힘이 부쳐 지친단 말이야
조금만 힘들어 보이면 너란 녀석은 대들지
아니 그냥 조용히 일어 서지
그게 싫고 사실은 무서워
한 계절을 무리하게 혹사시키고 나면
나는 아무 힘도 없어
그냥 헛기침으로 위장만 하는거지
너의 꿈틀거림에 눈 뻔히 뜨고 당할 밖에
하기야 내가 수모를 참아야지
그때 쯤이면 졸립지 자야 하지
하면夏眠 쯤으로 해 두자
자면서 힘을 비축하고 날을 세운단 말이야
너도 그렇니?
하기야 넌 자는 척 잠들지 않지 우하하하
오늘날 이것을 두고 대결이란 어울리는 말이 아냐

겉으론 나 칼장군의 일방적인 횡포같지만

네가 더 대단해
내 공격을 받아 안으로 삭혀서는
네 힘으로 만드는 법까지 아니까 말이야
무협소설 속 고수의 내공 흡인술인가?
과연 생이지지生而知之의 경지야
말 없이 조용한 게 우악스런 시끄러움을
결국 이긴다는 걸 알면서도 뻔히 알지만은
그게 어디 마음대로 되느냐고 에잇 약 올라
얼음칼 휘두르고 유리조각 채찍질이다 얍얍
기합소리가 약하다 에잇 휘잉휘잉 차앙 창
이제 분이 좀 풀리나 아니 또
슬슬 약이 오르네

이리하여 둘의 대결은 밤낮 없이
치고 박고 깨고 부수고 날리고 잡아끌고 부여잡고
끌어 안고 뺨을 부비고 나딩굴고 신음한다
무얼 낳을랑고? ㅉㅉㅉ…

길

길이 길을 나선다
없는 길을 내어서 가고
끊인 길을 이어서 가고
막힌 길을 뚫어서 가고
모르는 길은 물어서 간다
길이 지나간 곳은 길이 된다

내가 길을 간다
길이 나를 간다
길이 길을 간다
길 위에 내가 있다
내 위에 길이 있다
길 위에 길이 있다
길은 무엇이며 무엇이 길인가
도무지 알 수 없는 길과 나는
평생 불협화음이다.

대화

나한테 할 말이 있지?
– 아니 없어
아니 꼭 하고픈 말이 말이 있을 것 같아
–아니 꼭 하고픈 말이 없어
아 참 무슨 말이든 속시원히 말을 좀 해 봐
–아 참 무슨 말이 듣고픈 거야?
그래 무슨 말이든…
–그래 무슨 말도…

밤새 느티나무와 씨름했다

윤슬2

흰 물결을 갈아엎는 자 누구인가?
광활한 물밭을 써레질하는 자 누구인가?
저기 씨뿌리는 자 누구인가?

새하얀 메밀꽃이 만발한
내 고향 산골 밭두룸
메밀꽃보다도 하이얀 모시적삼을 입고
그림같이 앉아 계시던
우리 엄니 모습이 한없이 그립다.

먹을 갈며

투명한 물빛은 검은 혼을 감싸안고
천하를 모두 안고도 안으로 침잠한다
마음이 먹 함께 어울어져 노니면
오색 빛을 잠재우고 까맣게 너울대며
하늘에서 떨어지는 청동의 빛줄기
흰 빛이 안아 자지러지면
천만년 변함없는 붓자욱으로 남는다.

이 놈이

이 세상에는 날 좋아하는 부류도 있단 말이예요
어딜 가나 따라다니며 귀찮다고 경멸해도
아랑곳하지 않고 일구월심 나만 쫓는
진심이 진득한 놈이요
세상 흐름으로 공갈쳐도 그놈에겐
쇠 귀에 경 읽기 아니것소
세상이 그를 얼마나 싫어하며 경멸하는지
그대도 잘 알 것이요
세상의 기피 존재지만 그가 나를 얼마나 사랑하는지
나도 성깔이 있어 탁 때려죽이고 싶지요
사실이요 그냥 미치게 만들 때도 많소
우습지만 이성에도 맡겨 보오
한편 생각하면 그것도 존중 받아야 할 생명일진대
어이 함부로 생명을 말살할 수가 있단 말이요
내 참 희한한 논리지요 그지요
이제 그러한 논리에도 흔들리는 나이가 되었나봐요
그 가상한 놈이 누구냐고요?

그놈은 벌써 추위가 코끝으로 쳐들어왔는데도
한사코 내 곁에 머물려하는 놈이요
이놈의 정성을 생각하면
어케 이놈을 가상타 아니 하겠소
한겨울 잠시만 이별이지만 금새 안녕하시냐고
주둥이 쭉 내밀고 넙죽 인사할 놈이예요
내 참 모기 이놈이…

바람1

저기 용광로처럼 타오르는 열기가 있네요
여름인가요? 젊음이예요
절정을 안고 휘몰아치는 정열이예요
재빨리 움직여야 해요
들판을 두어 바퀴 돌았더니 숨이 차네요
여름 뜨거운 햇살을 실컷 두들겨맞고 나오니
여긴 어디예요?
가슴이 뻥 뚫리고 형체도 없는 듯
아아 지난 번 스쳐왔던 봄과도 비슷하군요
그땐 따스했지요
생명들이 부산을 떨었어요 시끄러웠지요
지금은 온갖 것이 익어가고
온갖 것이 떨어지는 계절입니다
풍요 속의 허전함 사람들은 쓸쓸함을 느끼죠
감성적이고 눈물이 많대요
왜 이리 찹니까? 피부가 금방 얼겠어요

이리저리 살점이 찢겨나갈 때도 있어요
서둘러 빠져나가야 겠어요
이 굴레를 벗어나려 조급하게 만드는 계절이네요
얼음같이 차갑고 쇠꼬챙같이 날카로운 모진 놈
내가 이렇게 변했나요?
아아 나는 변덕쟁이 바람
이제사 알겠어요.

바람2

봄볕에 초록물 든 정겨운 바람
여름 물기 머금은 변덕쟁이 바람
가을 하늘 맑은 빛에 투명해지다가
겨울 바람 앙상하고 날카롭구나.

무제2

햇살은 하루종일을 퍼부어도
작은 종지 하나를 채우지 못하고
달빛은 밤새 출렁여도
푸른 꿈 섬에 한발짝도 가지 못한다.

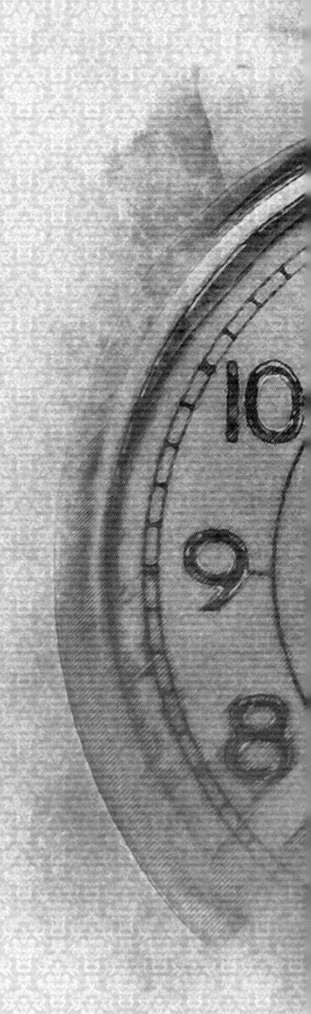

제5부
기억 속으로

우리 누렁이

왕방울 눈을 껌벅이는 우리 누렁이
신나게 먹을 때도 겁 먹은 눈이다
추부면 안되지 소마구를 손 봐 주신 할배

보름달을 삐죽이 바라보며
아무 일 없었다는 듯 천연덕스럽게
외로움을 씹고 또 씹고…
이제 잘 시간이야
그저께 떠나보낸 송아지 생각에
찬바람에도 열이 난다
우리 누렁이

호박

우람한 엉덩이를 자랑하며
성큼성큼 건너 온 여름 한철
내가 나야 왜 툭툭 건드려
쟁여 놓는 건 정말 싫어
누가 날 안아 줘
날 요리해 먹으란 말이야.

쉼

새벽 여명
빛이 온화하게 어둠을 빨아먹는다

얼마나 기다렸니? 좀 더 빨리 오지 못해 미안하다
– 아니어요 우리도 쉬었어요 어둠이 한없이 포근했어요
아늑했어요 잠 자던 동무도 밤새 말똥거리던 동무도
모두가 즐거운 쉼이었어요 기지개를 켰으니 이제 우
리 일을 해야지요
그래 열심히 자라거라
맛있는 열기를 듬뿍듬뿍 부어주마

온갖 것들에 생명의 온기를 주고
한종일 높이 떠 날으니 좀 피곤하구나
꼬리를 잡고 나타나는 얄미운 어둠 녀석

좀 밉지만 그도 제 때가 있는 법
이제 자리를 내어주자 한숨 붙이자
그가 없으면 나도 없는 게지
– 안녕 햇님 우리도 같이 쉬어요

저녁 놀은 섭함을 어이지 못해
붉게 눈물 짓는다.

봄바람

살이 오른 봄바람
따스한 햇살 아래 졸기도 하고
담장 아래 민들레랑 소꿉놀이도 해요
장난기가 동할 때는
큰애기 치맛자락도 화악
들추걸랑요.

파도여

벌써 몇 번인가 달아오른 파도여
바람도 없는데 휘말리는 치맛자락
하얀 속살이 밤낮없이 눈부시다

연신 휘감아오는 짙푸른 포옹에도
매정한 그이는 어드메에 숨었는고
가이 없는 부딧침은 그대의 염원인가

켜켜이 퇴색된 검붉은 해송이며
덕지덕지 검은 세월 머금은 바위는
남의 일인양 흘겨보며 말이 없다.

밤

은하수 이불삼아 삼경三更이 주무신다
갖은 꽃 숨소리도 그친 듯 적막한데
아이야 저 풍경 떼어라 곤히 잠든 밤 깨울라

달빛은 교교하고 이슬도 서슬하다
꽃잎은 낙화하여 석별의 정 나누는데
밤빛이 헤살 짓는다 뒤척이는 이 밤아

삼경사경 다 지나고 새벽별이 손짓한다
이별의 아쉬움가 맘남의 반가움가
다정타 이 밤이여 내일 다시 오소서.

주막 정취

탁배기 쇠주가 서민 품에 제격이라
대폿집 차림으론 더할 게 뭐 있으랴
조포두부 정갈히 하여 푸짐히 내시구랴

산채 부침개가 시후각을 자극하니
입가에 침 솟아 장맛인가 술맛인가
여보오 주모 국선생菊先生 한통 더 올리시오

물 건너 금주사네 손주녀석 돌이라나
요녀러 옥빛 방뎅이는 어디에 숨었더냐
오호라 인생세설도 으뜸 안주 아니런가

어허라 일준주一樽酒도 마파람에 게눈이라
오늘은 내 탁여현濁如賢을 맛 보리니
청비성淸比聖은 후일 필히 경험하리라.

기억이 추억이 되고

멱 감을 때 너무 깊이 들어가면 위험해
땅 짚고 헤엄칠 때니까
그 땐 물놀이가 목욕하고 같이 이루어졌으니까
구분이 없었지.
아련타 시골 개울가의 추억이여!

물고기 사냥도 잊을 수 없지
자전거 발전기로 그 귀한 뱀장어도 잡았었지
여름밤이면 자전거 있는 부잣집 동무와
가끔 야치기 나갔어
낮엔 영 서툴러도 이때는 제법 소출이 짭짤했지
어탕국수의 추억이란
황홀한 일이었어

작은 보에서 얼음지치기를 했었지
널직한 얼음 가운데에 구멍을 뚫고
긴 나무막대기는 삿대야
얼음배는 한참을 타면

얼음이 녹고 약해져 동강이 났지
그러고는 푸덩덩
모닥불엔 종일 옷 말리는 애들로 만원이었고,
웃음이 모닥불과 함께 타곤 했지
더 커야 썰매도 만들고
신기하던 두발썰매도 탈 수 있으니까
우린 무던히도 커고 싶었어
세월이라는 건 감이 안 잡히던 시기야
좀더 커니까 그렇게 재미있던 썰매타기는 커녕
물가쪽에는 관심도 없어지더라
가끔 큰못에나 구경가고,
재잘대던 아름다운 어린 시절이
그냥 뭐 그렇게 잊혀져 가더라
우리는 어디에 더 관심을 가졌을까?

길동무

말일 가까이 접어 들어 하루새에 영하의 날씨로
한낮에도 영상으로 고개를 들기 힘들어 하는
올 겨울 들어 젤 춥다는
만만해 뵈던 부산 날씨가 놀라운 변신을 하고 있습니다
마당의 금붕어 둠벙에도 비닐을 덮어두었고
다육이들도 허름한 온실 속에 벌써 가두었습니다
잘 견뎌야 할텐데 널뛰기 기온이 걱정입니다
마당에 임시로 채려놓은 작업대가
오늘은 매우 차갑고 을씨년스럽습니다
인터넷에서 산 바람막이 비닐이 너무 얇아
축 쳐진 양이 꼭 사흘 굶은 밥버리지같아 불안스레 보이고
저게 무슨 찬바람을 막아내겠나 싶습니다
날씨가 덜 추울 때는 그리 시덥잖아 뵈진 않았고
그런대로 쓸만했는데 말이죠
어쨌거나 이곳에서 이번 겨울을 버텨야 합니다
힘을 내자 아자!!

그간 게을지기던 강변을 산책해야겠습니다
갑작스런 추위에 강물의 표정이 궁금하고

강 주위의 생명들이 궁금합니다
홀라당 벗은 나무와 철모르고 봄옷으로 갈아 입으려는
치매 걸린 나무가
서로 옳다 다툼하네요
누가 딱한지 모르겠어요
상록수가 많이 모인 곳에서는 추위도 무색합니다
그곳에선 계절감을 잃기 십상이지요
내려 앉는 찬 공기를 마시며
청량한 눈빛으로 우리를 맞는 풀들이 있어요
짙푸른 입맥을 자랑하며 자기가
차가운 계절의 여왕이라고 서로 우기네요
참 대견스럽지요

강 가운데 두 바위섬에 시꺼먼 놈들이 앉아 있습니다
무슨 새인지요?
검은 망토를 걸치고 쭈그리고 있어
저승사자를 연상케 합니다
찬바람에 졸고 있나요?
가끔씩의 날개짓만 정적을 깨웁니다

강가로는 물닭떼가 무엇인가를 열심히 찾고 있어요
정말 부지런해요
시꺼머꾸리한 색이 주류를 이루고 있는 이 놈들 사이로
화려한 몸매를 뽐내는 청둥오리도 가끔 어울려 있어요
역시 이뻐군요
풍덩 같이 어울려 노닐고 싶어요
강 가운데에서 자맥질이 한창인 녀석도 있네요 혼자예요
한번에 꽤 오랫동안 잠수하고 쬐끔 떨어진 곳에서 올라 와요
옆에선 제법 큰 물고기가 온몸을 비틀면서 튀어 오릅니다
조금이라도 더 공기바라기하고픈 몸부림이겠지요
참 재미있는 풍경이네요
백로가 있네요 저리도 맑고 밝은 흰 색도 있나요?
두어 갈래로 뻗친 머리 장식깃이 예사롭지 않은 맵시네요
휴대폰 카메라를 들이댈 여유를 안주네요
자기에게 집중되는 관심이 무거운가 봐요
떨쳐버리 듯 곧 시선에서 멀리하고 말아요
우아한 자태 도도한 걸음걸이 오래도록 기억에 남을 것입니다
한때 위세를 자랑하던 갈매기떼가 안 보여, 애깃거리가 적어졌어요
날렵함과 힘참을 비교해 볼 대상이 이 강에는 없지요

다 어디로 갔을까요?
겨우 한 마리가 나네요 참 외로워 보입니다
석양에 외로운 갈매기 모습 오늘에야 처음으로 느껴봅니다
까치도 있네요
혼자서 열심히 먹이감을 찾는 참 깔끔하게 생긴 까치
종종종 까치걸음으로 강가를 쏘다니는 것을 봅니다
드물게 보는 광경이예요
소시적에는 얼마나 반가웠습니까?
옛날의 길조 이미지는 간 곳 없고, 누추하게까지 보입니다
그래도 까치 까치 설날은 ~~ 하고 노래하곤 했더랬죠
그러고보니 뭘 달라고 떼 쓰던 비둘기가 안보여요
유해 조수라고 먹이 주면 처벌도 받을 수 있다고
커다랗게 현수막이 걸려 있어요
격세지감에 마음이 허전합니다

수영 강변길은 찾는 이가 많습니다
웬만큼의 추위는 아랑곳하지 않는 열혈팬들을 많이 확보하고 있어요
강도 좋고 강가 풍경도 일품이거든요
건너편은 나루공원 일대만 제하면 별로예요

이름값만 파먹고 있지만 찾는 분이 많아요
이분들도 강 생명의 동반자입니다

어깨를 비비며 불평없이 꽃 피우는 꽃나무들
눈말울도 초롱한 다육이들
왕초 금붕어와 그의 졸개들
봄 여름 가을에 이어 추운 이 즈음까지
마음 한 켠에 둥지를 튼 든든한 길동무들입니다
참, 강새이 두 마리 야옹이 한 마리
푸들 숫놈은 늙은이, 눈송이를 닮은 어린 녀석은 꽃동
무어래요 러시안 블루 암놈은 이팔청춘 고양이, 춥다고
불평입니다
작년에 죽은 상큼이가 문득문득 생각이 납니다
요키 암놈인데 평생 수절하다가 세월에 압사 당했어요
이 겨울나기 길동무 잘 해야겠지요
강동무 들동무 집동무 모든 동무들
모두 모두
파이팅!!

시월, 거창에 잠시 다녀오다

초고속으로 날아 와서는
차창에 곤두박질해대는
짙푸른 가을 햇살
고슴도치마냥 온몸으로 맞으며
빨려들 듯한 풍경 속을 비집고 달려가는
고향길 거창

덕천서원德泉書院을 지키며 손수 수확한
무며 배추며 고추며 부추며 가지 파 대추까지
아이구나 도라지도 호박도 있네
이게 몇 가지던가?
주위 빈터를 일구어 눈이 부시게 가꾸어놓은
채마밭에 황홀해진다
손님맞이로 정갈하게 차려진 작은 식탁
대추가 단연 으뜸이로고
채곡채곡 말없이 트렁크를 채워주신 그분
김영찬 작가님의 형님 형님아 하늘 같으신 대형님
조선족 어르신 영감님

빈틈없이 정으로 채워진 그분의 배웅 속에
수승대搜勝臺를 향한다

저기 산 아래 몇 채 집 삐죽이 보이는 마을
내가 태어나 자란 외가곳
도로 넓힌다고 제 몸의 반을 떼어내 주고
바보처럼 웅크리고 앉아있는 길가 이 집은
초동 시절부터 살던 곳
길 건너 아기자기하게 분칠한 건물
이쁘게 단장한 소담한 정원
함성소리 늘 부산하던 이곳이
면내 세 학교를 통폐합하고도
전교생이 스물 몇이라니…
우리 반만도 예순명이 넘던 육학년 삼반
일이학년 땐 교실없는 오후반도 했었지
마리초등학교라 새겨진 옆벽을 따라
잔잔한 향수에 젖는다
코스모스 향기로 가득했던 이 길
이제 눈빛도 가을빛이다

난生 곳을 밟지도 못하고 스쳐지나서
수승대에 다다르다
초입에 있는 식당
메기에 무어무어를 넣은 매운탕
거창에선 이집밖에 없단다
키큰 주방장이 맛갈스레 끓여내오고
복스런 주인 아줌마의 너스레
꿀맛이 따로 없다
김영산 교수님은 일회용 앞치마에 일필휘지
'만사여의萬事如意' 가 창공을 나른다
덩달아 김 작가님도 한바탕 앞치마를 희롱한다
식후 여 주인이 기념사진도 찰칵!

빼어난 풍광에 휩싸인 늙은 관수루觀水樓
가을빛이 무색하구나
구연서원龜淵書院과 크고 작은 옛 건물들
요수樂水선생의 강론이 들리는 듯
수많은 기념비들을 눈대중으로나마 훑어본다
'산고수장山高水長'을 짊어진 우두머리

왕초 거북이 애처롭다
옛 시인 묵객들의 흥취가
저 푸른 물소리에 섞여드는 듯
가을의 시흥詩興이 갈 곳 몰라 헤메인다
온갖 시문詩文들을 빼곡이 각刻해 놓은 거북바위
퇴계선생의 수승대 명명시와 요수 선생의 답시를
또 다른 널찍한 바위에서 바라본다
이 순간도 찰칵!
이 너럭바위도 이름이 있을 터
벼루 씻던 연반석硯磐石이 여기던가?
오호라 과연 선경이로고!
다리 넘어 요수정樂水亭은 눈길로만 즐기고…

주차장으로 오는 발걸음이 온갖 상념으로 뒤섞인다
오늘 왜 이리 바쁠까?
먼 길 부산을 향한다
이태영 교수님 다들 무거운데
힘내서 밟으세요!